このシリーズは、「きみを強くする人権とSDGsの本」といいます。この題名から、「いったいどんな中身の本なのかな」と思った人も多いのではないでしょうか。「人権」と「SDGs」という言葉は、それぞれに聞いたことがあるでしょうが、その二つがなぜ結びついているのか不思議に感じたかもしれません。それに、どうして「人権とSDGs」が「きみを強くする」のか、わからないかもしれません。

毎日の暮らしの中で、「人権」が関わっていることは、意外にたくさんあります。身のまわりのほとんどのことが「人権」と関係があるといってもよいほどです。家庭で安全に暮らすことができ、生きていくのに必要な食事や衣服などが手に入り、学校で勉強できる。国民が働くことでそれぞれの生活が安定し、社会全体が豊かになる。これらはすべて、「人権」が関係しているのです。

「人権」とは、各個人が平等・自由であることを前提とした「人間らしく生きる権利」のことです。そんなの当たり前でしょ、と思うかもしれませんが、「人権」の尊重が当たり前のことになるまでには長い年月がかかりました。今でもじゅうぶんに「人権」が尊重されていない例は、日本にも世界にもあります。

この本を読むみなさんへ
伊藤賀一
（監修者）

2015年に国際連合は、2030年までに世界をよくするための17の目標である「SDGs」を定めました。そこには、「人権」を守るための目標がたくさんあります。そこで、この本では「人権とSDGs」とを関連づけて考えることで、そのつながりをわかりやすく理解してもらえるようにしています。

自分の意思を持って、自分らしく生きるには、強さが必要です。それは、自分やまわりの人を守ることにもなります。その強さを身につけるための方法のひとつが「人権」について深く知り、考えることだと思います。「人権とSDGs」が「きみを強くする」というのは、まさにこのことをさしているのです。

また、「人権」を知ると、まわりの人たちを大切に思い、尊重するようになります。それは、みんなが幸せになり、SDGsが達成される社会の実現につながるはずです。

きみを強くする 人権とSDGsの本

しっかりとした自分の意思を持って、自分らしく生きていくためには、強さが必要です。強さを持つことで、自分自身やまわりの人々を守ることができます。その強さを身につける方法のひとつが、「人権」について知り、考えることです。また、「人権とSDGs」を関連づけて考えることが、きみを強くすることにつながるのです。

「人権」とは「人間らしく生きる権利」のことです。現在は、人権を尊重することは当然のことだと考えられています。しかし、今もじゅうぶんに「人権」が尊重されていない例は、日本にも世界にもたくさんあります。世界をよくする目標であるSDGsには、人権を守るための目標がたくさんあります。

人権とSDGsの本

監修 伊藤賀一

この巻では、身近なところで起こるさまざまなできごとから出発して、平等権、自由権、社会権などの人権がどのような権利かを学んでいきます。また、それらの人権によって、なにが守られているのかについても調べていきましょう。

1 考えよう！ 身のまわりの人権

小峰書店

この本に登場する仲間たち

ごくふつうの小学生たちと、なぞの宇宙人が、社会のさまざまな疑問にぶつかります。あなたも、いっしょに考えてみましょう。

宇宙人
ゾロメのうちに住んでいる。宇宙から地球に来たらしいが、その目的はなぞ。

ゾロメ
よくぼーっとしているが、考えごとが好き。

フーコ
なにかにおこっていることが多く、気が強い。

ムニエル
宇宙人の友だちののらネコ。

ガイチ先生
ゾロメたちの担任の先生。時にやさしく、時に厳しく教えてくれる。

1 考えよう！身のまわりの人権

もくじ

きみを強くする人権とSDGsの本

リョータ
勉強はよくできる。が、
自分に自信がない。

ヒロシ
サッカー少年。自信家。

サヨコ
冷ややかな目で人を見る。

※この本は、とくに断りのない限り、2022年2月時点の情報にもとづいています。

人権はすべての人に関係する

私たちはみな、生きるために呼吸をし、水を飲み、食事をします。当たり前のことに思いますが、どれひとつが欠けても私たちは生きていけません。ふだんは、ほとんど意識していないかもしれませんが、とても重要なことです。

人権も、これとよく似ています。「人権なんてよくわからない」、「そんなのなくてもかまわないんじゃないの」と思うかもしれません。しかし、人権は、空気や水や食べ物のように、私たちの身近にあり、それがなければ生きていけないものなのです。

「人権はすべての人に関係する」。まず、このことを、しっかりと覚えておいてください。

人権ってなんだろう?

人権とはなんでしょう。

「私たちが、人間らしく生きる権利」、「人間が幸せに生きるための権利」、「だれもが生まれながらに持っている、自由に生きる権利」などということができます。

日本国憲法では、平等権、自由権、社会権などの人権は、基本的人権として、だれにもおかされることのない、永久の権利と定められています。そして、この権利は、現在と将来の国民に保障されています。私たちはみな、個人として尊重され、生き方を自分で決めることができます。国や、たとえどんなにえらい人であっても、個人の人権に立ち入ったり、損なったりすることは許されません。

人権を知り、よりよく生きる

　あるときふと、「どうして学校に行かないといけないんだろう」、「お母さんが食事のしたくをするのは当たり前のことなのかな」などと疑問がわいてくることはないでしょうか。これらの疑問にも、人権が深く関わっています。

　ふだん見過ごしたり、当たり前に感じたりしていることも、よく考えてみると、はっきりした理由がわからないことや、変えていったほうがよいこともありそうです。

　人権について知り、考えることで、こうした疑問に対してどう向き合い、行動したらよいかがわかるようになります。よりよく生きることができるようになるともいえるでしょう。

人権を知って強く生きよう！

　私たちは一人ひとりが、自分の意思で生きることができます。なにをするか、またはなにをしないかを自分で決めることができます。自分の考えにもとづき、自分らしく生きることで、私たちは、よりよく生きられるはずです。

　また、人間は生きていくなかで、いろいろななやみや困難に出会います。「友だちと仲よくできない」、「進路について、親と意見が合わない」、などの問題が起こることもあるかもしれません。

　人権のことを知っていると、なやみや困難を乗りこえ、まわりの人も尊重できる、強い人になれるでしょう。そのためにも、ぜひ人権のことを考えてみましょう。

人権とSDGsの深い関係

私たち全員がめざすSDGs

現在の地球には、さまざまな問題があります。地球温暖化などの環境問題、貧困や飢餓、教育などの社会問題、働くことと関係する経済問題などです。

人間はこれまで、地球の資源を思うままに利用し、格差や差別などにもじゅうぶんな対応をせずにここまで来てしまいました。このままでは、私たち人間は、地球で暮らしていくことができなくなってしまうかもしれません。

そこで2015年、国際連合（国連）では、さまざまな問題を解決するために、2030年までに達成する目標を定めました。これがSDGsです。SDGsには17の大きな目標があり、さらに具体的な目標として169のターゲットが決められています。

SDGsを達成するにあたり、「だれひとり取り残さない」ことが示されています。私たち全員が、地球上のすべての人々のためにめざすべき目標なのです。

SDGsの17の目標

Ethan Daniels/Shutterstock.com

人間が捨てたごみでよごれてしまった海。

紛争のために、住み慣れた土地をはなれた難民。

6

2 飢餓を
ゼロに

3 すべての人に
健康と福祉を

4 質の高い教育を
みんなに

5 ジェンダー平等を
実現しよう

8 働きがいも
経済成長も

9 産業と技術革新の
基盤をつくろう

10 人や国の不平等
をなくそう

11 住み続けられる
まちづくりを

14 海の豊かさを
守ろう

15 陸の豊かさも
守ろう

16 平和と公正を
すべての人に

17 パートナーシップで
目標を達成しよう

hikrcn/Shutterstock.com

Tinnakorn jorruang/Shutterstock.com

さまざまな理由で、働かなければならない子どもも多い。

SDGsと人権にはどんな関係があるのかな。

人権をめぐるさまざまな問題

SDGsの目標は、人権と深い関係があります。

例えば、「1 貧困をなくそう」は、「あらゆる場所のあらゆる形態の貧困を終わらせる」ことを目標にしています。現在、世界には、1日1.9ドル（約220円）以内で暮らさなければならない人が7億人以上もいます。これでは食べることさえじゅうぶんではなく、病気のときに治療を受けられず、学校に通うこともできません。人権の中でも重要なもののひとつである、人として健康に生きる権利や教育を受ける権利が損なわれています。貧困の原因はさまざまですが、紛争や国のしくみなどが原因であれば、その人たちの努力だけではどうすることもできません。

SDGsのひとつが、いくつもの人権の問題と関係しているね。

1 貧困をなくそう	

7億人以上が、1日1.9ドル（約220円）以内で生活している。

食べ物をじゅうぶんに得られず、健康に生きることができない。 ···· 健康に生きる権利が損なわれている。

学校に通うことができない。 ···· だれもが能力に応じて教育を受ける権利が損なわれている。

病気にかかっても治療を受けられない。 ···· 医療を受ける権利が損なわれている。

Tinnakorn jorruang/Shutterstock.com

ごみを拾って生活する子ども。健康に生きるという、最低限の人権さえ損なわれている。

SDGsとの関係から人権を考えよう

SDGsの「1 貧困をなくそう」は、健康に生きる権利である生存権と関係しています。

人権と関係のあるSDGsの目標は、これだけではありません。「2 飢餓をゼロに」「3 すべての人に健康と福祉を」も生存権と関係します。「4 質の高い教育をみんなに」は、教育を受ける権利である教育権に、「5 ジェンダー平等を実現しよう」は、だれもが平等にあつかわれる権利である平等権に関係しています。

このように、人権について考えるときに、SDGsとの関係から見ていくと、どのような問題があり、その原因はなにか、解決するにはどうしたらよいかがわかりやすくなります。

生存権

教育権

平等権

人権とSDGsには深い関係がある!

人権の尊重がSDGsの達成につながる

残念ながら、現在の世界は、すべての人の人権が尊重されているとはいいがたい状況です。多くの人が人権をおびやかされ、それがさまざまな問題となっています。

その原因を探り、すべての人の人権が尊重されるように努力していくことが、SDGsの達成にもつながります。

私たちに身近な、そして、世界の多くの人が直面している人権の問題について知り、考えていきましょう。

©PIXTA

SDGsを意識しながら、人権について考えていこう。

幸せに生きるには、人権が尊重されることが重要。

点字ブロックはなんのため?

みんなが等しくあつかわれる、平等権

すべての人は、どんな理由であっても差別されることなく、平等にあつかわれなければなりません。これを「平等権」といいます。

日本では、憲法によって、すべての国民は「法の下に平等である」と定められています。

日本国憲法第14条

すべて国民は、法の下に平等であって、人種、信条、性別、社会的身分又は門地※により、政治的、経済的又は社会的関係において、差別されない。

※門地…家がら、生まれ。

平等権とは…

男女は、本質的に平等である。

宗教や考え方、社会的な立場のちがいなどによる差別を受けることがない。

社会的な立場の弱い人が不利益を受けない。

出自(生まれ、出身)によって差別をされない。

貴族制度は設けない。

法の下の平等ってどういうこと?

平等とは、みんなが同じことをするとか、男女の区別をなくすといったことではありません。なんの根拠もない差別があってはならないということです。法の下の平等とは、法律によって国民の権利や義務に差をつけないということです。弱い立場の人が優遇される法律が定められているのは、そのほうがみんなを平等にあつかうことになる場合があるからです。

©PIXTA

SDGsと平等権

SDGsでは、ジェンダーの平等（性のちがいで差別されないこと）、
人や国の不平等をなくすことが目標となっています。

ジェンダー平等をめざす

私たちには、例えば「男子は青、女子はピンク」、「男性は強くなければならない」、「女性はひかえめに」などと決めつける考え方があります。しかし、これらの考え方には合理的な根拠はありません。このように、体のちがいとは別に、多くの人がなんとなく決めこんでいる男女のちがいを「ジェンダー」といいます。

世界にも日本にもジェンダーの不平等や差別があり、そのためとくに、女性の活躍の場がうばわれることがあります。また、男性は家族を養わなければならないなどというまわりからのプレッシャーを感じる人もいるでしょう。

SDGsでは、ジェンダーの平等が実現される社会をつくることをめざしています。

男子であれ女子であれ、好きな色のランドセルを使えばいい。

さまざまな不平等をなくす

現実の社会には、まだまだ多くの差別が残っています。人種や宗教のちがいによる差別、女性への差別、病気や障がいのある人への差別などです。こうした差別が、国と国との争いや、同じ国の中での対立につながってしまうこともあります。

人間には一人ひとりちがいがあります。見た目もそうですし、考え方や得意・不得意など、目に見えにくいちがいもあります。差別や不平等は、おたがいのちがいを認めようとしないところから生まれます。おたがいを尊重し、ちがいを認め合うことが、不平等をなくすうえではとても大切です。

平等権を守るためのしくみ

●先住民族への差別をなくす

古くから北海道などで先住民として暮らしていたアイヌ民族は、明治時代以降、独自の文化を守ることが難しくなり、強い差別を受けるようにもなりました。

1997年に制定されたアイヌ文化振興法では、その文化を振興し、伝統を尊重することが定められました。

朝日新聞社／Cynet Photo

独自の文化を受けついできたアイヌの人々。先祖を供養する儀式。

●部落差別を根絶する

江戸時代の人々には、武士と農民・町人などといった身分のちがいがありました。その中で、特定の地区（部落）に住まわされていた人々は、明治時代に法律上は平等とされました。しかし、その後も教育や就職、結婚など多くのさまざまな場面で差別が続きました。これに対し、部落出身者自身が平等を勝ち取ろうとする、部落解放運動も起こりました。

被差別部落出身者に対する根拠のない差別を同和問題といい、今も差別は残っています。こうした差別をなくすために、2000年に人権教育啓発推進法が制定され、人権を尊重する教育を行うことが定められました。また、2016年に部落差別解消推進法も定められています。

●ジェンダー平等のための取り組み

日本では、ジェンダー平等をめざし、企業での待遇や立場などについて、女性が差別を受けないための法律が定められています。

女性活躍推進法では、企業に対し、女性の採用や昇進の機会を積極的に活用すること、仕事と家庭を両立できるように環境を整えることなどを求めています。

バリアフリーを進める

障がい者や高齢者にとっては、階段の上り下りや道路の行き来などの際に、さまたげになるものが多くあります。それらを取り除いた状態をバリアフリーといい、立場の弱い人の平等権を守るためには大切なことです。

駅や道路などをバリアフリーにする動きが進んでいます。目の不自由な人がスムーズに歩けるようにするための点字ブロックもそのひとつです。

©PIXTA

点字ブロックや階段の代わりのスロープ（坂）のおかげでスムーズに歩ける。

制服は着なければいけないの?

自由に生きる権利、自由権

国や権力からの制約を受けず、自分の生き方を自由に決める権利を「自由権」といいます。日本国憲法では、精神の自由、身体の自由、経済活動の自由が定められています。

国であっても不当な逮捕や拷問、特定の思想のおさえこみなどは許されません。

精神の自由の例

思想・良心の自由。
どんな考え方をしてもよい。

信教の自由。どんな宗教を信仰してもよい。

表現の自由。どんな意見を述べ、報道や出版などをしてもよい。

学問の自由。どんなことを研究してもよい。

身体の自由の例

奴隷のようにあつかわれたり、苦痛のある労働をさせられたりしない。

法律による手続きなしに行動を制限されない。

逮捕されても、拷問を受けたり、残虐な刑罰をあたえられたりしない。

経済活動の自由の例

居住・移転の自由。
好きな場所に住むことができる。

職業選択の自由。
職業を自分で選び、営業できる。

自分の財産を持ち、自由に使うことができる。

SDGsの目標のひとつ「16 平和と公正をすべての人に」は、すべての人が
虐待などを受けないこと、平等に裁判を受けられることをめざしています。

自由権が守られていない国も

世界には、軍事独裁政権が権力をにぎり、国民の自由権が守られていない国が少なくありません。国民が政府や権力をにぎる人を批判することは許されず、そんなことをすれば逮捕されることもあります。権力者は、国民が自由に発言することで政府への不満につながり、政権がたおされることを恐れているのだと考えられます。そのほか、正当な裁判を受けられない人や、自分の意思に関係なく働かされている子どももたくさんいます。

SDGs「16 平和と公正をすべての人に」は、命や財産をうばわれない、平和で公正な社会をつくる目標です。

世界では、1億5000万人以上の子どもが働いている。

先進国での自由権侵害

日本などの先進国でも、法律で保障されている自由権がおかされているといった問題があります。車いすで生活する人が、鉄道を利用して旅行ができないのは、移動の自由をおかすものであるといったうったえは、その例です。

また、自由権がほかの権利とぶつかり合うことがあります。例えば、表現の自由があるとはいえ、真夜中の住宅街で大きな音で音楽を演奏することは、静かな生活環境で暮らすための環境権とぶつかるので、認められません。

精神の自由を保障する日本国憲法

第二次世界大戦が終わるまでの大日本帝国憲法では、精神の自由は制限されたものでした。国にとって都合の悪い思想を持つことは許されず、新聞も自由に書くことはできませんでした。このような社会が戦争につながったという反省から、日本国憲法では、精神の自由が強く保障されています。

自由を守るしくみと自由権の制限

●国からの自由を守る法律

国民が国に自由をおかされることがないよう、憲法のもとに法律が定められています。新聞や出版物を国が発表前にチェックする検閲は禁止、手紙や電話の内容を知られない通信の秘密も保障されています。

また、犯罪の容疑者の逮捕の手続きや取り調べ、裁判の流れなども、刑事訴訟法などの法律できちんと決められ、容疑者の人権が守られています。

朝日新聞社/PPS通信社

犯罪による裁判でも、身体の自由が保障されている。写真は、模擬裁判のようす。

●制限される自由権

自由権とは、国民が国から自由であることを保障するものであって、だれもが自分勝手なことをしてよいということではありません。

表現の自由があるからといって、他人をおとしめるような発言をすることが許されているわけではないのです。また、移動の自由があっても、危険な感染症にかかった人は、多くの人に病気をうつすおそれがあるため、その行動が制限されます。

このように、公共の目的を優先して、自由権が制限されることがあります。これを「公共の福祉」といいます。

制服は自由権をおかす？

学校で決められた制服を着なければならないかどうかは、判断が分かれるところです。社会的な慣習によって決まっているのが学校のルールであり、集団行動の中で着るようにいわれることは、自由権をおかすほどではないとも考えられます。いっぽうで、いやがる生徒に無理やり制服を着るように命じることまではできないとも考えられます。

©PIXTA

制服を着ている中学生。

こども食堂があるのはなぜ？

大切な人権のひとつ、生存権

すべての人には、人間らしく豊かな生活をする権利があります。これを「社会権」といいます。社会権の中でも最も基本的な権利が「生存権」です。日本では生存権は、日本国憲法の定めで保障されています。

すべて国民は、健康で文化的な最低限度の生活を営む権利を有する。

日本国憲法第25条

「最低限度の生活」については、具体的には定められていない。

生存権とは…

貧困になっても生きていける。

病気やけがで働けなくても生きていける。

高齢で働けなくても生きていける。

国民は国に生存権の保障を要求できる

やむを得ず収入が少ない人は、生活保護を受けられる。

ハローワーク

失業した人は、一定期間お金（雇用保険の基本手当）がもらえる。

国は、生存権を守るためのしくみを整えなければならない。

生きるのに困ったときは…

国民が、病気やけが、失業などのさまざまな理由で生活していくことに困った場合は、都道府県や市（区）町村に相談することができます。収入や資産、援助をしてもらえる人の有無などにより、生活保護を受けることができます。また、国も生活困窮者自立支援制度を設け、住むところや収入のない人やその子どもの教育などを手助けしています。

時事通信フォト

役所の相談窓口。

SDGsと生存権

SDGsにも、すべての人の生存権を保障する目標があります。

貧困におびやかされる生存権

生存権がおびやかされる直接の原因は貧困です。収入が少なく、使えるお金が少ないと、健康で文化的な最低限度の生活を送れません。

SDGsでは「1 貧困をなくそう」として、「世界中で極度に貧しい暮らしをしている人をなくす」、「2030年までに、それぞれの国の基準でいろいろな面で『貧しい』とされる男性、女性、子どもの割合を少なくとも半分に減らす」などの達成目標をかかげています。

世界には、1日1.9ドル（約220円）以内で暮らさなければならない人が7億人以上もいます。これは絶対的貧困といわれます。貧しい人の生存権を守るしくみが整っていない国もあり、貧困に苦しむ人たちは、じゅうぶんな教育を受けられず、なかなか貧困からぬけ出せない状況にあります。

きわめて貧しい暮らしをしいられている人の数

日本ユニセフ協会資料

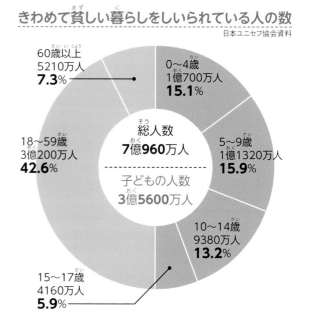

- 60歳以上 5210万人 **7.3**%
- 0〜4歳 1億700万人 **15.1**%
- 5〜9歳 1億1320万人 **15.9**%
- 18〜59歳 3億200万人 **42.6**%
- 10〜14歳 9380万人 **13.2**%
- 15〜17歳 4160万人 **5.9**%

総人数 **7億960万人**

子どもの人数 **3億5600万人**

先進国の相対的貧困

日本などの先進国には、絶対的貧困の人はほとんどいません。先進国では、国民一人ひとりの手取り収入を試算して順番に並べたとき、中央値の半分に満たない人を「貧困」と定義しています。これを相対的貧困といいます。

日本の子どものうち、約14%は相対的貧困に当たるといわれています。このような子どもは、1日に食べるものが給食だけだったり、病気のときでも病院に行けなかったりする環境に置かれています。

日本の子どもの貧困率の移り変わり

厚生労働省「国民生活基礎調査の概況」

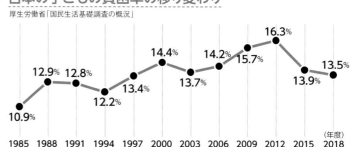

- 1985 10.9%
- 1988 12.9%
- 1991 12.8%
- 1994 12.2%
- 1997 13.4%
- 2000 14.4%
- 2003 13.7%
- 2006 14.2%
- 2009 15.7%
- 2012 16.3%
- 2015 13.9%
- 2018 13.5%

（年度）

子どもの生存権を守るために…

● 社会全体で解決策を

子どもたちが貧しい環境に置かれていることは、子どもの生存権を損なうとともに社会にとっても損失です。子どもたちがじゅうぶんな教育を受けられないことで将来の収入が減ってしまうと、国の税収が減ることにつながります。子どもの生存権を守ることを社会全体の問題として考えていく必要があります。

● 政府が行っている対策

2013年に政府は、「子どもの貧困対策の推進に関する法律」を定めました。2014年には、「子供の貧困対策に関する大綱」で対策の基本方針を示し、右のような取り組みを行っています。

● 地方公共団体が行っている対策

都道府県や市（区）町村には、政府から「地域子供の未来応援交付金」が出されています。地方公共団体は、この資金をもとに対策をとっています。

政府が行っている子どもの貧困対策

教育の支援

幼児期から高等教育まで教育費の負担を軽くする。

保護者の就労の支援

ひとり親が仕事につくことを支援する。

生活の支援

暮らしの課題やなやみを解決する。

経済的な支援

生活や進学などに必要なお金を支援する。

地域子供の未来応援交付金

内閣府 → 地方公共団体

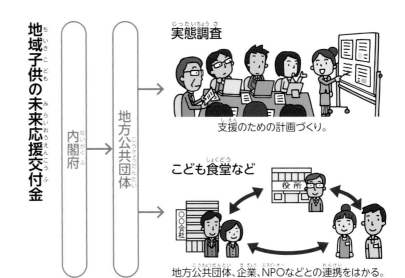

実態調査

支援のための計画づくり。

こども食堂など

地方公共団体、企業、NPOなどとの連携をはかる。

▶ こども食堂の役割

地方公共団体や民間の団体によって運営されているこども食堂も、子どもの生存権を守る対策のひとつです。その大きな役割は、子どもたちが健康に生きられるように食事を提供することですが、そのほかにも、家や学校で居場所がない子どものよりどころになること、さまざまななやみを持つ親が相談できる場所になることなどの役割もあります。

朝日新聞社/時事通信フォト

こども食堂のようす。

教科書がただなのはなぜ？

学校で学ぶことが保障される権利、教育権

社会権のひとつに、「教育権」があります。人間らしい生活を送るためには、教育を受けて知識や技術を身につけることが欠かせません。国民のだれもが教育を受ける権利を持っています。また、国は国民が教育を受けるための制度と場所を提供しなければならないと考えられます。

すべて国民は、法律の定めるところにより、その能力に応じて、ひとしく教育を受ける権利を有する。

日本国憲法第26条

教育権とは…

小学校と中学校で、合わせて9年間の義務教育を受けられる。

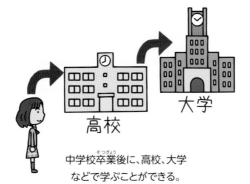

高校　大学

中学校卒業後に、高校、大学などで学ぶことができる。

ビジネス英語
Can I have a（ ）？
minute

学校以外に、職場などでも社会教育が受けられる。

子どもに教育を受けさせることは国民の義務

国民には、保護する子どもに、普通教育を受けさせる義務がある。

義務教育にかかるお金は国が負担し、国民はお金をはらわなくてよい。

義務
○○小学校入学式

保護者には、子どもに教育を受けさせる義務があり、子どもに教育を受ける義務があるわけではない。

国民は「普通教育」を受ける

憲法が義務教育とする普通教育とは、知識や判断力、友だちとの協調性などの能力を養う教育であり、職業教育や専門教育ではないと考えられます。

小中学校でなにを教えるかは、この考え方にもとづいて決められています。

©PIXTA

小学校の授業のようす。学校で学ぶ内容は、国が定める学習指導要領で決まっている。

SDGsと教育権

エスディージーズ

SDGsのひとつとして、だれもが質の高い教育を受けられることが目標となっています。

教育を受けられない多数の子ども

アフリカのサハラ砂漠以南、西アジア、南アジアの子どものうち、5人に1人は学校に通えません。紛争のために学校どころではないこと、貧しさから仕事をしなければならず時間がないことなどがその理由です。小学校には通えても、中学校や高校には通えない子どもたちも少なくありません。

とくに女子は、教育を受けられないことが多く、サハラ砂漠以南のアフリカでは、中学校教育まで受けられる女子は、約60%です。

SDGsの「4 質の高い教育をみんなに」では、男女とも、すべての子どもが無料で、小学校と中学校を卒業できることを目標にしています。

Travel Stock/Shutterstock.com

アフリカ・スワジランドの学校。通える子どもはめぐまれているほうだ。

増える不登校の児童・生徒

日本では、病気や経済的な理由以外で、学校に通えない不登校の児童や生徒の割合が増えています。その理由は、友人関係や先生との関係での問題、家庭内の事情などさまざまです。

高校でも不登校になる生徒はいます。長期間の不登校は、進級や卒業ができない留年や中途退学につながることがあり、将来の進路にも大きく影響します。

せっかく教育権がありながら、学校に通えなくなるのは残念なことです。それぞれの原因を取り除くとともに、子どもが安心して通える学校環境を整えることも重要です。

不登校児童・生徒の割合の移り変わり

文部科学省「児童生徒の問題行動・不登校等生徒指導上の諸課題に関する調査」

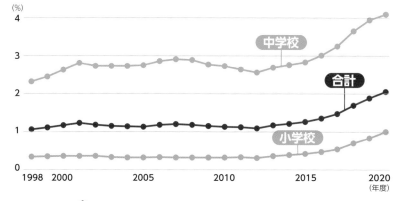

教育を受ける権利を守るしくみ

◉学校に行けるよう支援する制度

授業料や生活費がはらえないといった経済的な理由で高校や大学などに進めない人を支援するしくみがあります。

文部科学省の修学支援制度では、高校や大学の入学金・授業料の免除、奨学金※の支給などを受けることができます。また、日本学生支援機構などの団体が、奨学金の援助や貸付を行っています。多くの高校や大学でも、学ぶ意欲のある生徒や学生に対し、経済的な援助をしています。

※奨学金…経済的な理由で教育を受けられない学生に、資金を援助する制度。

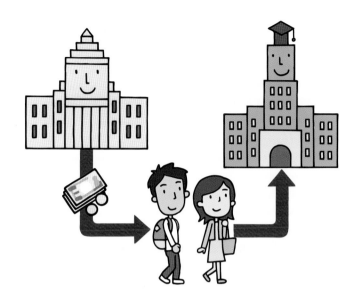

◉不登校の児童や生徒への支援

さまざまな事情で学校に行きたくても行けない子どもたちのために、文部科学省が支援をしています。学校や教育委員会、家庭、地域が連携して取り組むこと、スクールカウンセラーや教育支援センターを置くことなどを定めています。また、学校外の機関で指導を受けた場合に、出席あつかいにするなどの制度もあります。

ボランティア団体などの民間と協力したフリースクールや、通信制の学校、家で学習できるホームスクールなどで学習できるしくみもあります。

朝日新聞社/時事通信フォト

フリースクールのようす。コンピュータのプログラミングを学んでいる。

義務教育の教科書は無償?

憲法で義務教育は無償と定められているため、小中学校の授業料はただです。ただし、教科書まで無償にすべきかどうかについては、議論となっていました。しかし、1962年に法律で教科書を無償にすることが決まり、それ以来ずっと無償が続いています。これは、教科書は学校教育には欠かせない重要なものであるという考えがもとになっています。

大人は働かないといけないの?

働くことは権利であり義務である

「体や頭を使って仕事をすること」を、勤労といいます。人間が生きていくうえで、勤労はたいへん重要なことです。日本国憲法では、勤労について、すべての国民の権利であるとともに、義務でもあると規定しています。国民は、勤労の権利を持ち、義務を負っているのです。

すべて国民は、勤労の権利を有し、義務を負う。

日本国憲法第27条

勤労が権利であるわけ

働くことによって、収入を得て、安定した生活を送る。

できた！

勤労にやりがいを感じて、精神的に充実する。

社会の一員として、ほかの人々のために役立つ。

労働者に認められている権利

労働組合をつくり、そこに所属できる団結権。

賃金や労働条件の改善を求めて会社（やとい主）と交渉する団体交渉権。

ストライキ中 ストライキ中

会社（やとい主）との交渉がまとまらない場合、ストライキなどを行う団体行動権（争議権）。

勤労はなぜ義務なの？

多くの人は、第一には自分や家族が生活していくために働いていると考えられます。しかし、働いて物やサービスを生み出すことは、社会のほかの人々の役に立ち、さらに社会全体が豊かになることにつながります。

憲法が勤労を義務と定めているのは、そのような理由からだと考えられます。

©PIXTA

工場で働く人。

SDGsと勤労の権利

SDGsのひとつとして、だれもがやりがいを持って働くことで、人間らしい、生産的な仕事ができる社会をつくり、経済を成長させていくことがあげられています。

働きがいを持って働けない人々も

開発途上国には、働きたくても仕事につけない人々や、教育や職業のための訓練が満足に受けられず、希望する仕事につくことが難しい人々が大勢います。国の経済成長がおくれていて働き先が少ないこと、貧困で教育が受けられないことなどがおもな原因です。そのため、国の経済成長がますますおくれてしまいます。

また、本来であれば学校に通わなければならない年齢の子どもたちが労働せざるを得ない状況になっていることも少なくありません。

SDGsの「8 働きがいも経済成長も」は、働く人たちが収入などで不利にならず、健康でやりがいを持って働き、それを長期的な経済成長につなげようとする目標です。

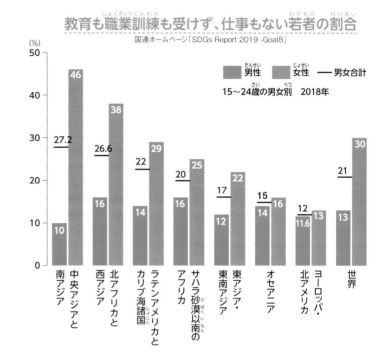

教育も職業訓練も受けず、仕事もない若者の割合

国連ホームページ「SDGs Report 2019 -Goal8」

男性　女性　━━男女合計
15～24歳の男女別　2018年

地域	男性	女性	男女合計
中央アジアと南アジア	10	46	27.2
北アフリカと西アジア	16	38	26.6
ラテンアメリカとカリブ海諸国	14	29	22
サハラ砂漠以南のアフリカ	16	25	20
東アジア・東南アジア	12	22	17
オセアニア	14	16	15
ヨーロッパ・北アメリカ	11.6	13	12
世界	13	30	21

日本の労働をめぐる問題

日本では、近年、労働をめぐるさまざまな問題が指摘されています。

少子高齢化が進み、働き手が減っています。とくに、体力を必要とする仕事、単純作業が多い仕事、長時間労働が必要な仕事などは、人手不足が深刻で、外国人労働者を多くやとっている業種もあります。

また、正規社員としてやとわれている人と、非正規社員との間で、同じ仕事をしているのに、給料や待遇に大きな差があることも問題になっています。

さらに、男女の給料や待遇の格差、女性が働きにくい環境が改善されないといった問題もあります。

勤労の権利を守るしくみ

● 労働に関する さまざまな法律としくみ

労働者は会社（やとい主）に対して弱い立場であることが多いため、労働者を守る法律が整備されています。正規社員、非正規社員、パート労働者、アルバイトなど、どのようにやとわれているかに関係なく、すべての労働者にあてはまる法律です。

労働者が働けなくなった場合に備える保険のしくみも整えられています。また、働きたい人が適当な仕事につく機会を保障するために、職業安定法などが定められています。

> ### 日本国憲法
> 第27条…すべて国民は、勤労の権利を有し、義務を負う。

> ### 労働者を保護する法律
> 労働基準法…労働条件を定める
> 労働組合法…労働者の団結権や団体交渉権などを定める
> 労働関係調整法…労働者とやとい主との紛争の処理を定める

> ### 労働者を対象とする保険
> 健康保険…医療を受ける際の手当のしくみ
> 雇用保険…失業したときに手当が受けられるしくみ
> 労災保険…仕事中にけがなどをしたときの手当のしくみ

● 働き方改革をおし進める

労働についてのさまざまな問題を解決し、多様な働き方を選べる社会を実現し、働く人たちがよりよい将来への見通しを持てるようにするため、政府は「働き方改革」を推進しています。

労働者が長時間労働をしなくてよく、休みをとりやすくすること、非正規社員と正規社員で同じ仕事をしているなら給料などに差をつけないこと、働く意志のある高齢者が働きやすくなる環境を整えることなどを進めています。

長時間労働の解消

非正規社員と正規社員との格差をなくす

高齢者が働きやすくする

▶ 働きがいを大切に

SDGsでもいわれているように、仕事をするうえでは、働きがいを持つことが大切です。そのためには、働く人が会社（やとい主）との間に信頼関係を築き、自分の意志で前向きな姿勢で働き、その結果に手応えを感じられるような環境を整えることが、会社には求められます。

働くことは、だれかにおしつけられるものではなく、自分の意志で進んで行うものなのです。

SNSに友だちの写真をのせるのは？

みんなで楽しいパーティーをしています。

記念写真をとろう！

はい、ポーズ！ OK！

楽しそうにとれてる。

SNSにのせちゃおうっと！

ちょ、ちょっと待って！

なに？

私が写っている写真を勝手に公開しないでよ。

私がとった写真なんだからいいでしょ。

私の肖像権はどうなるの？

プライバシーの侵害だわ。

肖像権ってなに？

自分の写真が勝手に近所にはられていたらどうかな？

いやです。

それと同じことなんだよ。

そうなんですか？

私が悪かった。ごめんね。

個人情報は守られる

社会の変化にともなって、憲法に明確な定めがなくても、新しい権利として認められている人権があります。「プライバシーの権利」もそのひとつです。これは、個人の顔写真や住所などの情報を勝手に公開されない権利です。

プライバシーの権利とは?

憲法第13条の「すべて国民は、個人として尊重される」にもとづく権利。

私生活についての情報を許可なく公開されない。

個人には肖像権があり、無断で写真をとられたり、とられた写真が公開されたりしない。

個人情報を守る対策

情報通信技術の発達で、個人情報がデータとして集められている。個人情報保護法で、国や地方公共団体、企業が、個人情報を慎重に管理することが義務づけられている。

企業などが消費者へのプレゼント企画を行うときに、「個人情報は、商品の発送などの目的にのみ使用する」といった断り書きが明記されている。

個人情報が知られると…

個人情報とは、氏名、生年月日、住所、電話番号など、その人がだれか特定できるものです。これらの個人情報が他人に知られてしまうと、知らない人から、なんらかの働きかけを受けることになるおそれがあります。商品の売りこみをされたり、詐欺などの犯罪の対象になったりするかもしれません。そのため、勝手に個人情報を公開することは認められていないのです。

さまざまな新しい権利

プライバシーの権利のほかにも、いろいろな「新しい権利」が生まれてきました。

情報を知る権利

国民が政治について判断するためには、正しい情報を知ることが必要です。国や地方公共団体には、政治に関する情報が多くあります。国民には政治を最終的に決める主権があり、それらを知る権利があると考えられています。そこで、情報公開法で情報公開制度が定められており、請求があった場合には、情報を開示することになっています。

これにより、国や権力者が情報をかくすことで、国民に不利益が生じるような事態を防いでいます。

住みやすい環境で生きる権利

©PIXTA

きれいな水と空気、日当たりなど、私たちには住みやすい環境で暮らす権利があります。これを「環境権」といいます。

1950年代半ばから、日本の産業が発展し、交通が便利になった結果、さまざまな公害が発生して多くの人々を苦しめました。そこで、人間らしく快適に暮らせる環境を求める権利として、生活環境の整備や自然環境を守る環境権がうったえられました。

じゅうぶんな日当たりを求める「日照権」、たばこを吸わない人が、たばこのけむりを浴びない「嫌煙権」などもふくまれます。

国などに環境を守るための役割があることは、環境基本法で定められています。

住まいへの日当たりが確保されることは、日照権として認められている。

生き方を決める自己決定権

　時代とともに、私たちの生き方が多様化して きました。それにともなって、それぞれの人が、 自分らしく生きたい、どう生きるかを自分で決 定したいと思うようになりました。このような権 利を「自己決定権」といいます。

　病院では、病気の診断や治療を受ける際、 患者自身が治療方法などを決めるために、イン フォームド・コンセント（説明にもとづく同意） が求められます。また、死んだ後に臓器を提供 するかどうかを決める権利も認められていま す。

©PIXTA

インフォームド・コンセントのための説明を医師から受ける。

科学技術の発達にともなう人権

　科学技術が発達することで、生命と人権に関 する新しい問題が生じました。

　病気の治療を受けている場合に、回復する見 こみがないまま、ただ生かされているだけの治 療を受けない尊厳死を選ぶ権利があると主張す る人もいますが、社会全体としては、明確な結 論が出ていません。

　また、遺伝子が同じ個体をつくるクローン技 術が発達していますが、人間のクローンをつく ることは禁止されています。さらに、おなかの赤 ちゃんの異常などを調べる出生前診断が認めら れるかについても議論が分かれます。

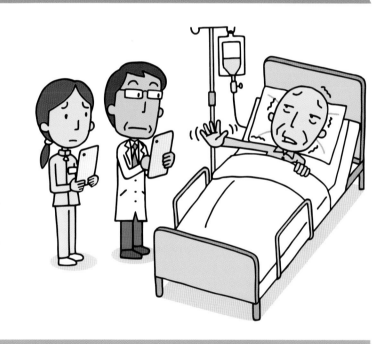

「幸福追求権」を認める憲法

　プライバシーの権利などの新しい権利 は、日本国憲法に規定がありません。しか し、第13条に「生命、自由及び幸福追求 に対する国民の権利については、公共の福 祉に反しない限り、立法その他の国政の上 で、最大の尊重を必要とする」と規定して いる幸福追求権や、第25条の生存権 （→19ページ）が根拠となっています。

親のいうことは聞かないといけない？

子どもの人権も尊重される

子どもは、心身が成長する途中段階であるため、大人とはちがう制限を受ける面もありますが、個人としての人権を尊重されることは大人と変わりません。

国際連合で採択された「児童の権利に関する条約（子どもの権利条約）」では、18歳未満を子どもとし、大人と同様に子どもの人権を認めています。

生きる権利

食べ物や住む場所があり、病気のときは必要な治療が受けられるなど、命が守られる。

育つ権利

年齢ごとに合った教育を受け、遊んだり休んだりしながら、自分らしく成長できる。

守られる権利

虐待や搾取（不当なやり方で利益などをうばうこと）などから守られる。障がいのある子どもや少数民族の子どもはとくに守られる。

参加する権利

自由に意見を発表し、グループをつくって活動できる。プライバシーが守られる。

成年年齢が変更に

日本では、2022年4月から、成年（大人）として認められる年齢が20歳から18歳に引き下げられました。したがって、18歳未満の人が「子ども」にあたることになります。ただし、この変更後でも、飲酒や喫煙は、20歳にならないとしてはいけないことは変わりません。心身の発達にとって、酒やたばこはよくないためです。

20歳　　　成年年齢　　　18歳

SDGsと子どもの権利

たとえ子どもでも、ひとりの個人として尊重されなければなりません。子どもの権利と関係するSDGsの目標は、たくさんあります。

人権を守られない多くの子ども

世界には、紛争に巻きこまれて命を落とす子どもや病気にかかっても治療を受けられない子ども、安全な水やトイレを使えない子どもが大勢います。また、さまざまな理由から学校に通えない子ども、意思に反して働かなければならない子どももいます。アフリカや南アジアなどでは、18歳未満で結婚する女子がたくさんいます。立場の弱い子どもの人権が損なわれているのです。

SDGsの「16 平和と公正をすべての人に」には、「子どもに対する虐待や搾取などをなくす」という目標があります。そのほかにも貧困や飢餓をなくす、健康で適切な教育を受けられること、ジェンダーの平等、安全な水と衛生など、多くの目標が子どもの権利と関わっています。

サハラ砂漠以南のアフリカでは、2人に1人の子どもが、病気の治療を受けられない。

6人に1人の子どもが極度に貧しい暮らしをしている。

子どもの権利でおくれている日本

以前の日本では、子どもに対する暴力は、「しつけ」の一部であるという考え方が一般的でした。学校でも体罰を「愛のムチ」として見過ごす傾向がありました。しかし、これらのやり方は、子どもの人権を無視するものです。

家庭での子どもの虐待についての相談件数が増えていますが、これは、以前は見過ごされていた虐待への見方が厳しくなってきたことによると考えられます。

親や学校の、子どもへの対応が少しずつ変わってきていますが、ヨーロッパ諸国やアメリカに比べ、日本は子どもの権利についての考え方がまだまだおくれています。

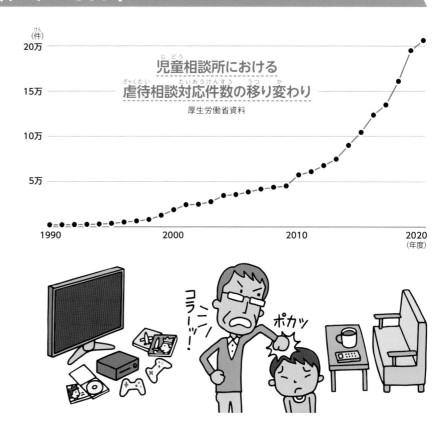

(件)
20万
15万
10万
5万

児童相談所における
虐待相談対応件数の移り変わり
厚生労働省資料

1990　2000　2010　2020
（年度）

コラーッ！
ポカッ

子どもの権利を守るしくみ

◉子どもを守る法律

「子ども（児童）の権利条約」は、1989年に国連で採択され、日本は1994年に批准（国として認めること）しました。2016年には、児童福祉法が改正され、子どもの権利条約の精神にのっとり、「児童の年齢及び発達の程度に応じて、その意見が尊重され、その最善の利益が優先して考慮される」と定められました。同時に、しつけであるとしてきた児童虐待を禁止しました。

また、地方公共団体でも独自に子どもの権利を守る条例を制定していることがあります。

児童福祉法

児童は、適切な養育を受け、健やかな成長・発達や自立などを保障されることなどの権利を持つ

児童虐待を予防し、発生した場合にすばやく対応する

児童虐待防止法

児童虐待は著しい人権侵害である

国や地方公共団体は、虐待の予防、被害児童の保護に努める

東京都こども基本条例

子どもが、あらゆる場面において権利の主体として尊重される

◉虐待から子どもを守る

子どもを支援するNPOなど、体罰禁止を進めたり、虐待にあっている子どもを支援したりする活動をしている団体があります。

これらの団体は、虐待を受けて居場所を失った子どもが一時的に安心して生活できる「子どもシェルター」を設置するほか、学校での体罰やいじめなどの問題に対応するスクールロイヤー（弁護士）のしくみをつくるよう呼びかける活動などに取り組んでいます。

朝日新聞社/時事通信フォト

虐待を受けている子どものための「子どもシェルター」。

©PIXTA

▶子どもの考えも尊重される

子どもは親の持ち物ではありません。親が暴力などによって子どもの意見をおさえこむことはもちろん、一方的に親の考えをおしつけることは許されません。

親は子どもの自由な考えを尊重する姿勢を持ち、話し合いをしてものごとを決めていくことが望ましいでしょう。子どもも、経験が豊富な親の意見に耳をかたむけることが大切です。

親子での話し合いが大切。

さまざまな人権とＳＤＧs

この巻で学んだことをまとめておこう！

まとめ

人権

人間が人間らしく生きる権利
人間が自由に、幸せに生きる権利
だれもが生まれながらに持っている権利

基本的人権

日本国憲法で、「侵すことのできない永久の権利」と保障されている

平等権

だれもが平等にあつかわれ、差別されない権利

自由権

自分の生き方を自分で決める権利

社会権

豊かに生きる権利
● 生存権
● 教育権
● 勤労の権利

$$12 \times 23 = $$
$$43 \times 37 = $$
$$65 \times 15 = $$

新しい人権

社会の変化に合わせて認められてきた権利
● プライバシーの権利
● 情報を知る権利
● 環境権
● 自己決定権

個人情報

情報公開窓口

受付

子どもの人権

大人と同様に認められる権利
● 生きる権利　　● 育つ権利
● 守られる権利　● 参加する権利

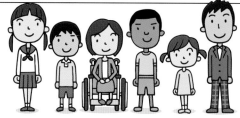

いろいろな人権を学んだね。

SDGsとの関係もわかったよ。

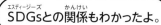

さくいん

きみを強くする
人権と
SDGsの本

1 考えよう！
身のまわりの人権

監修 **伊藤賀一**（いとう・がいち）

1972年京都府生まれ。東進ハイスクールなど、多数の映像講座、予備校、塾、高校などの講師を経て、リクルート「スタディサプリ」日本史・倫理・政経・現社・歴史総合・公共地理・歴史・公民の9科を担当。43歳で早稲田大学教育学部に入学するなどずっと学びを続けている。司法試験予備校やシニア施設、全国各地の社会人向けカルチャースクールの教壇にも立つほか、ラジオパーソナリティやプロレスのリングアナウンサーとしても活躍。著書・監修書は50冊以上。

ブックデザイン	高橋コウイチ（WF）
企画・編集	山岸都芳・増田秀彰（小峰書店）
編集協力	大悠社
表紙イラスト	すぎうらあきら
イラスト	すぎうらあきら、川下隆

2022年4月9日　第1刷発行
2023年3月9日　第2刷発行

監修者	伊藤賀一
発行者	小峰広一郎
発行所	株式会社 小峰書店
	〒162-0066 東京都新宿区四谷台町4-15
	電話 03-3357-3521 FAX 03-3357-1027
	https://www.komineshoten.co.jp/
印刷	株式会社 三秀舎
製本	株式会社 松岳社

NDC360　39P　29×22cm
ISBN978-4-338-35301-4
©2022 Komineshoten Printed in Japan

参　考　文　献

●伊藤賀一『くわしい 中学公民』（文英堂）●横藤田誠・中坂恵美子『人権入門［第4版］』（法律文化社）●宍戸常寿編『18歳から考える人権［第2版］』（法律文化社）●横田洋三編『新国際人権入門 SDGs時代における展開』（法律文化社）●武部康広『身の回りから人権を考える80のヒント』（解放出版社）●一般財団法人アジア・太平洋人権情報センター編『人権ってなんだろう？』（解放出版社）●池上彰監修『池上彰さんと学ぶ 12歳からの政治 1いちばん身近な憲法・人権の話』（学研プラス）●喜多明人監修「きみはどう考える？ 人権ってなんだろう」（汐文社）●杉原泰雄『岩波市民大学 人間の歴史を考える7 人権の歴史』（岩波書店）●カトリーヌ・ヴィトール・ド・ヴァンダン編『地図とデータで見る 人権の世界ハンドブック』（原書房）●広島県人権男女共同参画課編『思いやりと優しさのハーモニー〜楽しく学ぼう！ 人権のいろは〜』（広島県）●池上彰監修『ライブ！ 現代社会2021』（帝国書院）●川延昌弘『未来をつくる道具 わたしたちのSDGs』（ナツメ社）●南博、稲場雅紀『SDGs−危機の時代の羅針盤』（岩波書店）●蟹江憲史監修、一般社団法人Think the Earth編著『未来を変える目標 SDGsアイデアブック』（紀伊國屋書店）●池上彰監修『世界がぐっと近くなる SDGsとボクらをつなぐ本』（学研プラス）●秋山宏次郎監修、バウンド著『こどもSDGs なぜSDGsが必要なのかがわかる本』（カンゼン）